JN116232

Reißt die Mauern ein!

Rede von Bundeskanzlerin Angela Merkel

Tamiko Murase

HAKUSUISHA

──── **音声ダウンロード** ────

白水社ホームページ（https://www.hakusuisha.co.jp/
download/）から音声をダウンロードすることができます。
（お問い合わせ先：text@hakusuisha.co.jp）
※なお、別に教室用CD（非売品）の用意があります。

吹込者： Marei Mentlein
吹込箇所：各課テキスト、読んでみよう

表紙写真　UPI/アフロ
装丁・本文レイアウト　株式会社エディポック＋株式会社ELENA Lab.

はじめに

　本書は、ドイツ語の基礎文法を学んだ方が、実際のドイツ語に出会っていただくための読本です。

　一般的に初級者向けの学習教材では、学習進度に合わせ、未習の文法事項をなるべく避けた例文を用いています。そのような初級学習教材を終えて、いざドイツ語圏の書籍や動画などに取り組むと、辞書を引いても文法が理解できないことや、文法的には理解できても文意の面白さがわからないままになるのは珍しくありません。

　学習者が次のステージに進むには、まずは少し時間をかけて「自然なドイツ語」を丁寧に隅々まで理解することがとても役立ちます。ドイツ語原文に接し文法も文意も完全に理解できたという経験を重ねるうちに、いつのまにか心から楽しんでドイツ語を読んでいる自分自身に気づくに違いありません。

　本書は、ドイツのアンゲラ・メルケル首相による2019年ハーヴァード大学卒業式での講演を契機に生まれました。メルケル首相が卒業生たちに贈った言葉は感動的なもので、世界中に報じられました。現在でもインターネットなどでその動画に触れることができます。この講演をオリジナルで理解し、そのフレーズを実際に話してみることは、ドイツ語学習の喜びになるでしょう。

　本文テキストは、メルケル首相スピーチの原文をそのまま掲載しています。スピーチの始まる第1課が難しく感じられる場合は、「初級文法の復習」で必要な文法事項を確認しましょう。本書の前半ではテキストに注を詳しくつけました。学習の進度に伴い、既出の文法事項が増えますので、後半の各課では読解の補助になる注にとどめました。また「読んでみよう」では、メルケル首相の発言や新聞記事などを加えてあります。文法事項の確認のため各課に平易な練習問題を付しました。さらに、文法の習得のみならず、書かれている内容について学生同士で話すことができるように「グループワーク」も設けました。それぞれの専門分野や興味関心に合わせ、学習内容を選択することが可能です。

　収録した音声とドイツ語のチェックにはマライ・メントラインさんにご尽力いただきました。厚くお礼申し上げます。

2021年春

村瀬民子

目次 [Inhalt]

📖 初級文法の復習

● 定冠詞・不定冠詞の格変化

名詞には1格、2格、3格、4格という4つの格があります。1格は「〜が」(主語)、2格は「〜の」(所有)、3格は「〜に」(間接目的語)、4格は「〜を」(直接目的語)におおむね対応します。

〈定冠詞の格変化〉

	男性単数	女性単数	中性単数	複数
1格	der Mann	die Frau	das Kind	die Kinder
2格	des Mann(e)s	der Frau	des Kind(e)s	der Kinder
3格	dem Mann	der Frau	dem Kind	den Kindern
4格	den Mann	die Frau	das Kind	die Kinder

〈不定冠詞の格変化〉

	男性単数	女性単数	中性単数
1格	ein Mann	eine Frau	ein Kind
2格	eines Mann(e)s	einer Frau	eines Kind(e)s
3格	einem Mann	einer Frau	einem Kind
4格	einen Mann	eine Frau	ein Kind

● 2格の用法

男性名詞の多数と中性名詞は2格の場合に語末に -s または -es をつけます。女性名詞に格語尾はつきません。2格は、付加する名詞の後ろに置かれるのが一般的ですが、先に置く場合もあります。

die Universität der Hauptstadt　　首都の大学
　　　　　　　　　　　2格

Pauls Bruder　　　　　　　　パウルの兄(弟)
2格

男性弱変化名詞は2格の場合に語末に -n または -en をつけます。

die Hände des Pianisten　　　　ピアニストの手
　　　　　　　2格

● 動詞の現在人称変化

動詞は語幹＋語尾からなっています。文の中では主語に合わせ語尾を変化させます。

trinken ＝ trink ＋ en
　　　　　語幹　＋ 語尾

〈規則変化〉

・gehen「行く・歩く」

1人称	ich geh**e**	wir geh**en**
2人称(親称)	du geh**st**	ihr geh**t**
3人称	er geh**t**	sie geh**en**
2人称(敬称)	Sie geh**en**	Sie geh**en**

〈幹母音の変化する動詞〉

2人称(親称)単数と3人称単数で幹母音が変わり、a→ä, e→i/ie になる動詞があります。

・fahren「(電車等で)移動する」

1人称	ich fahre	wir fahr**en**
2人称(親称)	du f**ä**hrst	ihr fahrt
3人称	er f**ä**hrt	sie fahr**en**
2人称(敬称)	Sie fahren	Sie fahr**en**

・sprechen「話す」

1人称	ich spreche	wir sprechen
2人称(親称)	du spr**i**chst	ihr sprecht
3人称	er spr**i**cht	sie sprechen
2人称(敬称)	Sie sprech**en**	Sie sprech**en**

〈重要な動詞の現在人称変化〉

・haben「持つ」

1人称	ich hab**e**	wir hab**en**
2人称(親称)	du **hast**	ihr hab**t**
3人称	er **hat**	sie hab**en**
2人称(敬称)	Sie hab**en**	Sie hab**en**

・sein「〜である」

1人称	ich **bin**	wir **sind**
2人称(親称)	du **bist**	ihr **seid**
3人称	er **ist**	sie **sind**
2人称(敬称)	Sie **sind**	Sie **sind**

・werden「〜になる」

1人称	ich werd**e**	wir werd**en**
2人称(親称)	du **wirst**	ihr werd**et**
3人称	er **wird**	sie werd**en**
2人称(敬称)	Sie werd**en**	Sie werd**en**

● 動詞の配置

平叙文では文頭から文成分の 2 番目に動詞を置きます。疑問詞のない疑問文（決定疑問文）は動詞を文頭に置きます。

Am Montag <u>gehen</u> wir zur Uni.　　月曜日に私たちは大学に行きます。
<u>Gehen</u> wir am Montag zur Uni?　　月曜日に大学に行きましょうか？

疑問詞で始まる疑問文では文頭から 2 番目に動詞を置きます。

Wer <u>geht</u> am Montag zur Uni?　　誰が月曜日に大学に行きますか？

助動詞を用いる場合は、 2 番目に人称変化させた助動詞を置き、本動詞の不定詞形を文末に置きます。

Ich <u>kann</u> am Montag zur Uni <u>gehen</u>.　　私は月曜日に大学に行くことができる。

● 接続詞

接続詞には並列接続詞と従属接続詞の 2 種類があります。
並列接続詞は語順に影響を与えません。

aber しかし	und そして	oder あるいは
denn 〜というのも、〜なので		

Er geht aus, <u>aber</u> sie bleibt zu Haus.　　彼は出かける。しかし彼女は家にいる。
　　　　　　　並列接続詞

次のような従属接続詞から始まる文を副文といいます。

als 〜したとき	dass 〜ということ	ob 〜かどうか
obwohl 〜にもかかわらず	weil 〜なので	wenn 〜するとき、〜すれば

副文では動詞が文末に置かれます。

Ich denke, <u>dass</u> er recht <u>hat</u>.　　彼の言うことが正しいと私は思う。
　　　　　　従属接続詞　　副文の動詞

主文（従属接続詞のない方の文）の前に副文があるとき、主文の先頭に動詞を置きます。

<u>Obwohl</u> es stark <u>regnet</u>, <u>machen</u> wir einen Spaziergang.
従属接続詞　　　　副文の動詞　主文の動詞
雨が強く降っているにもかかわらず、私たちは散歩をする。

 練習

 解いてみよう

1 2格を用いた語句を訳しなさい。

（1）das Ende des Kriegs

_____

（2）die Abnahme des Mondes

_____

（3）Des Kaisers neue Kleider

_____

2 日本語文に合うように、囲みの中から適切な従属接続詞を選び2つのドイツ語文をつなげなさい。

dass	ob	weil	wenn

（1）明日雨が降らなければ、私たちはサッカーをする。
　　[Es regnet morgen nicht. Wir spielen Fußball.]

_____

（2）彼が犯人であることは確実だ。
　　[Es ist sicher. Er ist der Täter.]

_____

（3）この席がもうふさがっているかどうか、その女性は尋ねる。
　　[Die Frau fragt. Dieser Platz ist schon besetzt.]

_____

（4）冷蔵庫が空っぽなので、トーマスは買い物に行く。
　　[Sein Kühlschrank ist leer. Thomas geht einkaufen.]

_____

◐ 東ドイツを思い出しながら

Hermann Hesse[1] schrieb: „Jedem Anfang wohnt ein Zauber inne, der uns beschützt und der uns hilft zu leben[2]."

Diese Worte Hermann Hesses haben mich inspiriert[3], als ich mit 24 Jahren mein Physikstudium abschloss. Es war das Jahr 1978. Die Welt war geteilt in Ost und West. Es war die Zeit des Kalten Krieges. Ich bin in Ostdeutschland aufgewachsen, in der DDR[4], dem damals unfreien Teil meines Heimatlandes, in einer Diktatur[5]. Menschen wurden unterdrückt und überwacht[6]. Politische Gegner wurden verfolgt[7]. Die Regierung der DDR hatte Angst, dass das Volk weglaufen würde in die Freiheit. Deshalb hatte sie die Berliner Mauer gebaut. Sie war aus Beton und Stahl. Wer bei dem Versuch entdeckt wurde, sie überwinden zu wollen[8], wurde verhaftet oder erschossen[9]. Diese Mauer mitten[10] durch Berlin teilte ein Volk – und sie teilte Familien. Auch meine Familie war geteilt.

❶ Hermann Hesse：ヘルマン・ヘッセ(1877-1962)。ドイツ生まれのノーベル文学賞作家。

❷ Jedem Anfang wohnt ein Zauber inne, der uns beschützt und der uns hilft zu leben.：「すべ
ての始まりには、私たちの人生を守り、助ける魔法が備わっている」。jedem Anfang は 3 格、ein Zauber
が 1 格であり、wohnt ... inne は分離動詞(→L.2) inne|wohnen「(3 格に)(1 格が)内在する、本来備わっ
ている」の現在形。後半は der から始まる 2 つの関係文 der ... beschützt と der ... leben (→L.4) によっ
て ein Zauber の内容を説明している。

❸ inspirieren：「(4 格に)刺激(示唆)を与える、着想、霊感を与える」。

❹ DDR：女性名詞。Deutsche Demokratische Republik「ドイツ民主共和国」(いわゆる旧東ドイツ)
の略称。ここでは Ostdeutschland を言い換えている。

❺ Diktatur：女性名詞。独裁制。たとえば旧東ドイツでの独裁制を DDR-Diktatur といった。

❻ wurden unterdrückt und überwacht：「抑圧され、監視された」。werden と unterdrücken (非分
離動詞) 及び überwachen (非分離動詞) の過去分詞で受動態(→L.9)。ここでは werden の過去形
wurde(n) が用いられているので「～された」。

❼ wurden verfolgt：「迫害された」。werden と verfolgen (非分離動詞) の過去分詞で受動態。ここでは
werden の過去形 wurde(n) が用いられているので「～された」。

❽ Wer bei dem Versuch entdeckt wurde, sie überwinden zu wollen：「それを乗り越えようとする
試みの際に発見された人は」。wer は先行詞を必要としない不定関係代名詞で「～する人」。werden と
entdecken(非分離動詞) の過去分詞で受動態。ここでは werden の過去形 wurde(n) が用いられている
ので「～された」。sie überwinden zu wollen は zu 不定詞(→L.6)で dem Versuch を修飾する。
überwinden は非分離動詞「(4 格に)打ち勝つ、克服する、乗り越える」。

❾ wurde verhaftet oder erschossen：「逮捕されるか射殺された」。werden と verhaften(非分離動詞)
erschießen(非分離動詞) の過去分詞で受動態。ここでは werden の過去形 wurde(n) が用いられている
ので「～された」になる。

❿ mitten：「真ん中で」という意味の副詞。例：mitten durch die Wald　森の真ん中を抜けて。

● 文法の確認

● 過去形

　規則動詞の過去基本形は不定詞の語幹に**te**を付けます。不規則動詞の過去基本形は辞書で確認します。過去基本形を主語に合わせて人称変化させます。

	不定詞	過去基本形
規則動詞	spielen	spielte
不規則動詞	finden	fand

〈過去人称変化〉

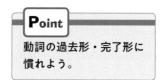

ich	–	spielte	fand
du	-st	spieltest	fandest
er/sie/es	–	spielte	fand
wir	-en	spielten	fanden
ihr	-t	spieltet	fandet
sie/Sie	-en	spielten	fanden

Point
動詞の過去形・完了形に慣れよう。

● 完了形

　完了の助動詞**haben**または**sein**に動詞の過去分詞を組み合わせて完了形を作ります。大部分の動詞は、助動詞**haben**とともに用います。場所の移動や状態の変化を表す動詞は助動詞**sein**を用います。

　過去分詞は、規則変化動詞は**ge**＋語幹＋**t**になり、不規則変化動詞は辞書で確認します。なお**inspirieren**のように**-ieren**で終わる動詞や非分離前綴り（**be-, emp-, er-. ver-, zer-**など）の付く動詞は過去分詞に**ge**が付きません。

● 現在完了形

〈**haben**＋過去分詞〉

　Diese Worte haben mich inspiriert.　　その言葉は私に示唆を与えました。

〈**sein**＋過去分詞〉

　Ich bin in Ostdeutschland aufgewachsen.　　私は東ドイツで育ちました。

● 過去完了形

〈**hatte(n)**＋過去分詞〉

　Die Regierung hatte die Berliner Mauer gebaut.　　政府はベルリンの壁を建造した。

〈**war(en)**＋過去分詞〉

　Meine Eltern waren nach Hamburg gegangen.　　私の両親はハンブルクに行った。

練習 » 01

調べてみよう

1 本文中の動詞の中からhaben / sein / werdenを除いた動詞の過去形を3つ探しましょう。そしてその不定詞と基本的な意味を書きましょう。

	過去形	不定詞	意味
（1）	_____	_____	_____
（2）	_____	_____	_____
（3）	_____	_____	_____

2 本文中の完了の助動詞haben / seinと過去分詞に下線を引き、完了形をチェックしましょう。そして過去分詞の不定詞と基本的な意味を調べましょう。

グループワーク

1 本文にある「東ドイツ（Ostdeutschland）」を当時の西ドイツと比較し空欄を埋めてみましょう。

	東ドイツ	西ドイツ
国名（日本語）		
国名（ドイツ語）		
略称		
首都		

2 ベルリンにある現代史の博物館「DDRミュージアム」を知っていますか？ どんな展示があるのか調べてみましょう。

🌑「壁」の向こう側には西ベルリンがあった

Meine erste Arbeitsstelle nach dem Studium hatte ich als Physikerin in Ost-Berlin an der Akademie der Wissenschaften❶. Ich wohnte in der Nähe der Berliner Mauer. Auf dem Heimweg von meinem Institut ging ich täglich auf sie zu❷. Dahinter lag West-Berlin, die Freiheit. Und jeden Tag, wenn ich der Mauer schon sehr nahegekommen war, musste ich im letzten Moment abbiegen❸ — zu meiner Wohnung. Jeden Tag musste ich kurz vor der Freiheit abbiegen. Wie oft habe ich gedacht❹, das halte ich nicht aus❺. Es war wirklich frustrierend❻.

Ich war keine Dissidentin❼. Ich bin nicht gegen die Mauer angerannt❽, aber ich habe sie auch nicht geleugnet, denn ich wollte mich nicht belügen. Die Berliner Mauer begrenzte meine Möglichkeiten. Sie stand mir buchstäblich im Weg❾. Aber eines❿, das schaffte diese Mauer in all den Jahren nicht: mir meine eigenen inneren Grenzen vorzugeben⓫. Meine Persönlichkeit, meine Phantasie, meine Sehnsüchte — all das konnten Verbote und Zwang nicht begrenzen.

❶ Akademie der Wissenschaften：「科学アカデミー」。旧東ドイツにおいて当時最大規模の研究機関。正式名称は die Akademie der Wissenschaften der DDR、略称は AdW。

❷ auf ...⁴ zu|gehen：「（4格に）歩み寄る。近づいていく」。

❸ ab|biegen：「方向を変える、曲がる」。

❹ Wie oft habe ich gedacht：「何度考えたことでしょうか」。「考えた」内容は、コンマ以下で示される。

❺ aus|halten：「耐え抜く、辛抱する」。

❻ frustrierend：「いらいらする、挫折感を味わわせる」。動詞 frustrieren の語尾を -end に換えた現在分詞（→L.10）。ここでは形容詞として用いられている。

❼ Dissidentin：「異分子、異端者、体制批判者」。男性名詞 Dissident の女性形。キリスト教の離教者の意味に由来する。

❽ an|rennen：「突進する、立ち向かう」。

❾ im Weg stehen：「さえぎる、立ちふさがる」。文頭の Sie が何を指すか考えよう。

❿ eines：「ひとつのこと」。不定代名詞 ein の中性形。

⓫ vor|geben：「定める、決定してしまう」。

呼びかけの表現

　講演などの始まりの際には、会場の聴衆に対して呼びかけるのがマナーです。この講演の冒頭では、卒業式に列席する人々のそれぞれに丁寧に呼びかけています。**(巻末資料)**

　とくに大事なことを話すときや気持ちを込めて話すときに、聴き手の注意を惹きつけるため、講演中にあらためて相手に呼びかけることがよくあります。親しみを込めて呼びかける場合に **lieber**（男性）**/ liebe**（女性・複数）がよく用いられます。

　　Liebe Absolventinnen und Absolventen, ...　　親愛なる卒業生の方々

男女多数の人々に、相手への敬意を表し、呼びかける表現もあります。

　　Sehr geehrte Damen und Herr(e)n!　　皆様！
　　Meine Damen und Herr(e)n!　　　　みなさん！

この場合、代名詞は2人称の敬称（**Sie**）を用います。

● **分離動詞の使い方**

　第2課ではいろいろな分離動詞が使われています。分離動詞は分離前つづりと基礎動詞の2つの部分から成り立っています。

　基礎動詞を人称変化させ定動詞の位置に置き、分離前つづりを文末に置きます。

Ich komme der Mauer nahe. 　　　　　　　　私は壁に近づく。

〈過去形〉

Täglich ging ich auf die Mauer zu. 　　　　毎日私は壁に近づいた。

〈完了形〉haben 支配の動詞

Der Vortrag hat um 10 Uhr angefangen. 　　講演は10時に始まった。

〈完了形〉sein 支配の動詞

Ich bin in Ostdeutschland aufgewachsen. 　私は東ドイツで育ちました。

〈助動詞とともに用いる場合〉

Das kann ich nicht aushalten. 　　　　　　　それは我慢できない。

〈zu 不定詞(→L.6)の作り方〉

Warum versucht mein Hund wegzulaufen? 　なぜ僕の犬は逃げようとするのだろう？

✎ チェックしよう

1 本文中6つの分離動詞を探し、不定詞とその意味を書きましょう。

（1）_____

（2）_____

（3）_____

（4）_____

（5）_____

（6）_____

2 ドイツ語のメールや手紙では、最初に相手の名前を呼びかけてから本文に入ります。
以下の人々にメール（手紙）を送るときの呼びかけを書きましょう。

（1）クラスメート　［ Anna / Thomas ］

（2）問い合わせのメールを送る担当者　［ Frau Maria Greiner / Herr Paul Schmitt ］

（3）フォーマルな行事に出席した男女複数の人々全員

💬 グループワーク

1 東ドイツと西ドイツには当時どのような違いがあったかを調べてみましょう。

_____

_____

_____

2 1961年に「ベルリンの壁」が建設された意味とその後の影響を考えてみましょう。

_____

_____

_____

 発展学習資料

『私は東ドイツに生まれた』フランク・リースナー著
清野智昭監修、生田幸子訳、東洋書店

🌑 そのとき「壁」が開いた

Dann kam das Jahr 1989. Überall in Europa setzte der gemeinsame Wille❶ zur Freiheit unglaubliche Kräfte frei❷. In Polen, in Ungarn, in der Tschechoslowakei und auch in der DDR wagten sich❸ Hunderttausende auf die Straße. Die Menschen demonstrierten und brachten die Mauer zu Fall❹. Was viele Menschen nicht für möglich gehalten❺ hatten — auch ich nicht —, wurde Realität. Da, wo früher eine dunkle Wand war❻, öffnete sich plötzlich eine Tür. Auch für mich war der Moment gekommen, hindurchzutreten. Ich musste nicht mehr im letzten Moment vor der Freiheit abbiegen. Ich konnte diese Grenze überschreiten und ins Offene gehen.

In diesen Monaten vor 30 Jahren habe ich persönlich erlebt, dass nichts so bleiben muss, wie es ist. Diese Erfahrung, liebe Graduierte❼, möchte ich Ihnen für Ihre Zukunft als meinen *ersten* Gedanken mitgeben❽: Was fest gefügt und unveränderlich scheint❾, das kann sich ändern❿.

❶ Wille：男性名詞。「意志、意欲」。

❷ frei | setzen：分離動詞。「(4格を)解放する、解き放つ」。

❸ sich⁴ auf die Straße wagen：「思い切って通りに出る」。

❹ ...⁴ zu Fall bringen：「(4格を)崩壊させる」。

❺ ...⁴ für ~ halten：「(4格を)~とみなす」。

❻ wo früher eine dunkle Wand war：「かつて暗い壁があったところで」。wo は関係副詞で「~のところで」。

❼ Liebe Graduierte：「親愛なる卒業生のみなさん」。(呼びかけの表現→L.2)

❽ mit | geben：「(去っていく人に)持たせる」。動詞 mitgeben は、去りゆく相手(この場合は大学を去る卒業生)のために何かを与え、持たせてあげるという意味である。

❾ Was fest gefügt und unveränderlich scheint, :「しっかりと定められて不変にみえるもの」。

❿ sich⁴ ändern：「(1格が)変わる」。

📄 **読んでみよう　なぜ物理学を勉強したか** [メルケルの言葉]　🔊 05

Meine Damen und Herren, ich habe mich ganz wesentlich deshalb für das Physikstudium entschieden, weil die DDR zwar vieles verbiegen konnte, aber die Naturwissenschaften nicht. Die Erdanziehungskraft galt auch bei uns.

文法の確認

● **前置詞**

〈3格支配の前置詞〉

aus 〜の中から	**bei** 〜のもとで、〜の際	**mit** 〜とともに、〜によって
nach 〜へ、〜のあと	**seit** 〜以来	**von** 〜の、〜から
zu 〜のところに		

〈4格支配の前置詞〉

durch 〜を抜けて、〜を通じて	**für** 〜のために、〜にとって
ohne 〜なしに	**um** 〜をめぐって、〜時に

〈3・4格支配の前置詞〉

場所や位置を表す場合に3格、方向を表す場合に4格とともに用います。

an 〜のきわ(に・へ)	**auf** 〜の上(に・へ)	**hinter** 〜の後ろ(に・へ)
in 〜の中(に・へ)	**neben** 〜の隣(に・へ)	**über** 〜の上方(に・へ)
unter 〜の下(に・へ)	**vor** 〜の前(に・へ)	**zwischen** 〜の間(に・へ)

　前置詞と定冠詞は融合することがあります。前置詞の意味に加え、定冠詞の表す格に注意して訳します。

・an + dem（3格の男性名詞・中性名詞）　➡　am

　Frankfurt am Main マイン川のほとりにあるフランクフルト。

　一般に「フランクフルト」と呼ばれ、Frankfurt a. M.「フランクフルト・アム・マイン」とも表記されています。

・an + das（4格の中性名詞）　➡　ans

　Die Katze geht ans Fenster.　猫は窓ぎわに行く。

〈よく使われる融合形〉

bei dem ➡ beim	in dem ➡ im	in das ➡ ins
von dem ➡ vom	zu dem ➡ zum	zu der ➡ zur

✎ **解いてみよう**

1 日本語に合う前置詞を考えましょう。

（1）きみのために	（ ）	dich
（2）かばんの中から	（ ）	der Tasche
（3）食事の後	（ ）	dem Essen
（4）祖父母のもとで	（ ）	den Großeltern
（5）9時に	（ ）	neun Uhr

2 以下の文の前置詞（融合形の場合もあります）に〇を付け、続く名詞の格を考えながら
全文を日本語に訳しましょう。

（1）In der DDR wagten sich Hunderttausende auf die Straße.

_____

（2）Ich musste nicht mehr im letzten Moment vor der Freiheit abbiegen.

_____

（3）Ich konnte diese Grenze überschreiten und ins Offene gehen.

_____

💬 **グループワーク**

1 1989年に「ベルリンの壁」が開いたときの映像を YouTube で探してみましょう。

2 東ベルリンと西ベルリンとのさまざまな違いは、1989年以降どのように変化したか調
べてみましょう。

> ✈ **発展学習資料**
>
> DVD「NHKスペシャル　こうしてベルリンの壁は崩壊した」
> ヨーロッパピクニック計画

Lektion 4

🌓 欧州の和解と平和

Und im Großen wie im Kleinen❶ gilt❷ : Jede Veränderung fängt im Kopf an. Die Generation meiner Eltern musste das überaus schmerzlich lernen. Mein Vater und meine Mutter wurden 1926 und 1928 geboren. Als sie so alt waren wie die meisten von Ihnen hier heute, waren der Zivilisationsbruch❸ der Shoa❹ und der Zweite Weltkrieg gerade vorbei. Mein Land, Deutschland, hatte unvorstellbares❺ Leid über Europa und die Welt gebracht. Wie wahrscheinlich wäre es gewesen❻, dass sich Sieger und Besiegte für lange Zeit unversöhnlich gegenüberstehen würden❼? Aber stattdessen überwand❽ Europa jahrhundertelange Konflikte❾. Es entstand❿ eine Friedensordnung, die auf Gemeinsamkeit baut⓫ statt auf scheinbare nationale Stärke⓬. Bei allen Diskussionen und zwischenzeitlichen Rückschlägen⓭ bin ich fest überzeugt: Wir Europäerinnen und Europäer sind zu unserem Glück⓮ vereint.

❶ im Großen wie im Kleinen：「事の大小を問わず」。

❷ gilt：動詞geltenの現在形。コロン以下の内容を表す主語のesが省略されている。

❸ Zivilisationsbruch：男性名詞。Zivilisation（文明）とBruch（brechenすること）との合成語。「文明の崩壊」。

❹ Shoa：女性名詞。「ショアー（ヘブライ語）」「ホロコースト（ユダヤ人虐殺）」。Schoahとつづる場合もある。

❺ unvorstellbar：「想像できないほどの、考えられないような」。

❻ Wie wahrscheinlich wäre es gewesen：「どんなにありそうなことだったでしょうか」。wäreは動詞seinの接続法２式。esはdass以下を指す。

❼ sich[3] unversöhnlich gegenüberstehen würden：「和解できずに対立する」。würdenは動詞werdenの接続法２式。

❽ überwand：「克服した、乗り越えた」。非分離動詞überwindenの過去形。

❾ jahrhundertelange Konflikte：「数百年間にわたる数々の紛争」。

❿ Es entstand：esは形式主語で、意味上の主語はeine Friedensordnung。entstandは非分離動詞entstehenの過去形。

⓫ eine Friedensordnung, die auf Gemeinsamkeit baut：「連帯して建設する平和秩序」。die...bautはFriedensordnungを説明する関係文。

⓬ statt auf scheinbare nationale Stärke：「見せかけの国家の強権の代わりに」。

⓭ Bei allen Diskussionen und zwischenzeitlichen Rückschlägen：「議論やその間の後戻りのときにもいつも」。

⓮ zu unserem Glück：「幸運にも、幸いなことに」。

読んでみよう　日本でロボットに会う（2015年）

07

Bei ihrem Japan-Besuch trifft Angela Merkel neben Kaiser Akihito und Ministerpräsident Abe auch einen Roboter. Der will mit ihr Fußball spielen.

Zu Beginn ihrer Japan-Reise trifft Angela Merkel einen Roboter. Asimo ist recht klein und hat eine helle Stimme. Er schleimt sich bei der Kanzlerin gleich zu Beginn ihres Besuches im Zukunftsmuseum „Miraikan" am Montag in Tokio ein.

（*STERN*, Montag, 09.03.2015）

 文法の確認

● **関係代名詞**

　第4課では関係文の基本を練習しましょう。関係文とは、ある名詞の内容を詳しく説明するために加える文です。関係文は、関係代名詞から始まります。関係文の動詞は、関係文の主語(1格)に合わせて人称変化させ、文末に置きます。

Ich kenne **den Mann**, **der** in Berlin wohnt.
　　　　　　 先行詞　　　関係代名詞　　　関係文の動詞

私はベルリンに住んでいるその男性を知っています。

> **Point**
> 関係代名詞の性は
> 先行詞と同じ

関係代名詞の性は先行詞と同じです。格は関係文の中での役割で決まります。

	男性	女性	中性	複数
1格	der	die	das	die
2格	dessen	deren	dessen	deren
3格	dem	der	dem	denen
4格	den	die	das	die

● **合成語**

　いくつかの語を組み合わせて作られた語を合成語といいます。合成された語の最後のものを基礎語といいます。

　合成名詞の文法上の性は、基礎語によって決定されます。

Kinder 子どもたち(複数形) ＋ Garten 庭(男性名詞)

　＝ Kindergarten 幼稚園(男性名詞)

語の合成には大きく分けて3つの方法があります。

①**単語をそのままつなげる。**

Haus 家 ＋ Besitzer 所有者

　＝ Hausbesitzer 家主

②**単語と単語のあいだにsを入れる。**

Neujahr 新年 ＋ Konzert コンサート

　＝ Neujahrskonzert ニューイヤーコンサート

③**単語と単語のあいだにenまたはnを入れる。**

Bühne 舞台 ＋ Eingang 入口

　＝ Bühneneingang 楽屋入り口

✎ 解いてみよう

❶ 日本語に合うように適切な関係代名詞を選び、動詞を人称変化させて関係文を完成させましょう。

（1）あそこに立っている（stehen／現在形）男性は、私のおじです。

Der Mann, （　　　　）dort（　　　　）, ist mein Onkel.

（2）お父さんが医者である（sein／現在形）友達がいます。

Ich habe einen Freund, （　　　　）Vater Arzt（　　　　）.

（3）私が手伝ってあげた（helfen／現在完了形）女子大生はとても喜んだ。

Die Studentin, （　　　　）ich（　　　　）（　　　　）, freute sich sehr darüber.

（4）あの作家がよく行く（besuchen／現在形）ホテルを知ってる？

Kennst du das Hotel, （　　　　）der Autor oft（　　　　）?

（5）私にお金を送ってくれた（schicken／現在完了形）のは私の両親でした。

Es waren meine Eltern, （　　　　）mir das Geld（　　　　）（　　　　）.

❷ 次の合成名詞をよく見て、各語の区切りに線を引き、文法上の性と意味を調べましょう。

（1）Schreibtischlampe 　　　［男・女・中・複］

（2）Erziehungswissenschaft 　　　［男・女・中・複］

（3）Weihnachtsgottesdienst 　　　［男・女・中・複］

（4）Geburtstagsfeier 　　　［男・女・中・複］

（5）Nobelpreisträger 　　　［男・女・中・複］

💬 グループワーク

❶ 本文中の表現を参考に、自分の両親が生まれた年をドイツ語でお互いに紹介し、相手の言う年号を書き取ってみましょう。両親以外の家族についても同様にドイツ語で紹介してみましょう。

[Mein Vater und meine Mutter wurden 1926 und 1928 geboren.]

❷ ベルリンにある「ホロコースト記念碑」や「ザクセンハウゼン追悼博物館」についてインターネット等で調べてみましょう。またヨーロッパ各地の強制収容所跡地を3つ以上挙げてみましょう。

発展学習資料

DVD「SHOAHショア」デジタルリマスター版

🌀 戦後の経済復興

Auch das Verhältnis zwischen Deutschen und Amerikanern zeigt, wie aus ehemaligen Kriegsgegnern Freunde wurden❶. Ganz wesentlich hat dazu der Plan von George Marshall❷ beigetragen, den er hier 1947 bei einer Commencement Speech verkündete❸. Die transatlantische Partnerschaft mit unseren Werten von Demokratie und Menschenrechten hat uns eine nun schon über 70 Jahre dauernde Zeit des Friedens und des Wohlstands beschert❹, von der alle Seiten profitieren❺.

Und heute? Es wird nicht mehr lange dauern, dann sind die Politikerinnen und Politiker meiner Generation nicht mehr Gegenstand❻ des Kurses „Exercising Leadership", sondern höchstens noch von „Leadership in History".

08

❶ wie aus ehemaligen Kriegsgegnern Freunde wurden：「どのようにかつての戦争の敵から友になったか」。第二次世界大戦中に敵味方に分かれた国々が、戦後は平和な協力関係を築いたことに言及している。ドイツのメルケル首相だけでなく、たとえば2015年の米国連邦議会における日本の安倍首相の演説でも、日本とアメリカ合衆国の友好関係の構築について取り上げられている（→発展学習）。

❷ der Plan von George Marshall：「マーシャル・プラン」。第二次世界大戦の被災から西ドイツを含む西ヨーロッパ諸国が経済復興するために、アメリカ合衆国が実施した経済援助計画。ジョージ・マーシャル国務長官は、1947年ハーヴァード大学卒業式でこの計画を表明した。

❸ den ... erkündete：関係代名詞denから始まる関係文。先行詞が何かを考えよう。

❹ bescheren：「（3格に）（4格を）もたらす、贈る」。

❺ von der alle Seiten profitieren：von der「それによって」から始まる関係文。先行詞が何かを考えよう。

❻ Gegenstand：男性名詞。「主題、対象」。

📑 読んでみよう　**日本訪問（2019年）**　🔊 09

Nach Angela Merkels Ankunft in der japanischen Hauptstadt Tokio am Montagnachmittag (Ortszeit) ist ein Treffen mit Ministerpräsident Shinzo Abe geplant. Am Dienstag wird die Kanzlerin von Kaiser Akihito empfangen, was als besondere Ehre gilt. Auch Kronprinz Naruhito, der seinem Vater am 1. Mai auf dem Chrysanthementhron nachfolgt, will Merkel treffen.

(*Deutsche Welle*, Montag, 04.02.2019)

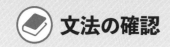 **文法の確認**

● **関係代名詞と関係文**

　ここでは本文中にある複雑な関係文を正確に理解します。次の文は本文 2 行目 **Ganz** から始まる文です。

Ganz wesentlich hat dazu $\boxed{\text{der Plan von George Marschall}}$ beigetragen,
　　　　　　　　　　　　　　　　先行詞

($\boxed{\text{den}}$ er hier 1947 bei einer Commencement Speech <u>verkündete</u>).
　関係代名詞　　　　　　　　　　　　　　　　　　　　　　　関係文の動詞

　関係代名詞が前置詞とともに用いられるときは、関係代名詞は前置詞の後に置かれ、前置詞の格支配(→L.3)を受けます。

$\boxed{\text{Die Frau}}$, (mit $\boxed{\text{der}}$ ich gerade <u>gesprochen habe</u>), ist Amerikanerin.
　先行詞　　　　　　関係代名詞　　　　　　関係文の動詞

いまちょうど私が話していた女性はアメリカ人です。

● **不定関係代名詞 wer と was**

　wer「～する人は誰でも」、was「～する物・こと」を不定関係代名詞といいます。格変化は疑問代名詞 wer, was と同じです。

　wer は「不特定の人」を表し、先行詞をとりません。wer による関係文が文頭に置かれるとき、指示代名詞で受け直します。wer ... der という対応の場合、次の例のように der を省略することもできます。

　Wer jetzt kauft, [der] kauft 5 Prozent billiger.
　いま買う人は 5 パーセントお買い得です。

　was は「不特定の事物」を表し、das や alles, etwas, nichts などの先行詞をとります。was による関係文が文頭にあるときなどのように、先行詞がないこともあります。

　Er spricht alles aus, was er gehört hat.
　彼は聞いたことは全部話してしまう。

　[Das,] was ich dir gesagt habe, bleibt unter uns.
　私があなたに話したことは内緒よ。

　また was は前文の内容を受けることがあります。

　Sie sprach fließend Deutsch, was alle überraschte.
　彼女はドイツ語を流暢に話した。それが皆をびっくりさせた。

解いてみよう

1 関係代名詞と先行詞をそれぞれ□で囲み、関係文を（　）に入れ、関係文の中の動詞に下線を引きましょう。

（1）Die Partnerschaft hat uns eine Zeit des Friedens beschert, von der alle Seiten profitieren.

（2）Sie gehören zu denjenigen, die uns in die Zukunft führen werden. (→L.6)

2 上の各文をわかりやすい日本語文にしてみましょう。

（1）　_____

（2）　_____

グループワーク

1 マーシャル・プランについて調べ、要点をまとめてみましょう。

（1）正式名称　　_____

（2）開始　　　　_____

（3）終了　　　　_____

（4）主な被援助国　_____

（5）西ドイツへの援助額　_____

2 戦後の西ドイツについて「奇跡の経済復興」（Wirtschaftswunder）をキーワードに、当時の経済活動の中心地と産業を調べてみましょう。

 発展学習資料

米国連邦議会上下両院合同会議における安倍晋三前総理大臣演説
「希望の同盟へ」2015 年 4 月 29 日（米国東部時間）（日本語版）
https://www.mofa.go.jp/mofaj/na/na1/us/page4_001149.html
"Toward an Alliance of Hope" April 29, 2015（英語版）
https://www.mofa.go.jp/na/na1/us/page4e_000241.html

Lektion 6

🌀 未来への課題

Lieber Harvard-Jahrgang 2019❶, Ihre Generation wird in den kommenden Jahrzehnten den Herausforderungen des 21. Jahrhunderts gegenüberstehen. Sie gehören zu❷ denjenigen, die uns in die Zukunft führen werden❸.

Protektionismus und Handelskonflikte❹ gefährden❺ den freien Welthandel und damit die Grundlagen unseres Wohlstands. Die Digitalisierung erfasst❻ alle Lebensbereiche.
Kriege und Terrorismus führen zu Flucht und Vertreibung❼. Der Klimawandel bedroht die natürlichen Lebensgrundlagen. Er und die daraus erwachsenden Krisen sind von Menschen verursacht. Also können und müssen wir auch alles Menschenmögliche❽ unternehmen, um diese Menschheitsherausforderung wirklich in den Griff zu bekommen❾. Noch ist das möglich. Doch dazu muss jeder seinen Beitrag leisten und – das sage ich auch selbstkritisch – besser werden. Ich werde mich deshalb mit ganzer Kraft dafür einsetzen❿, dass Deutschland, mein Land, im Jahr 2050 das Ziel der Klimaneutralität⓫ erreichen wird.

❶ Lieber Harvard-Jahrgang 2019：「親愛なる 2019 年ハーヴァード卒業生のみなさん」（呼びかけ→L.2）

❷ zu ...³ gehören：「（３格の）一員である」。

　例：Gehören Sie zu diesem Klub?　あなたはこのクラブの会員ですか？

❸ denjenigen, die ... werden：denjenigen は「～の人」の意味で指示代名詞 derjenige の複数３格。die から始まる関係文の先行詞。

❹ Protektionismus und Handelskonflikte：「保護主義と貿易摩擦」。

❺ gefährden：「（４格を）危険にさらす、危うくする」。

❻ erfassen：「（４格を）捕える、巻き込む、襲う」。

❼ Flucht und Vertreibung：「亡命や追放」。

❽ alles Menschenmögliche：「人間の持つあらゆる可能性」。

❾ in den Griff bekommen：「（４格に）対処する」。

❿ sich⁴ für ...⁴ ein | setzen：「（…のために）尽くす」。

⓫ Klimaneutralität：「気候中立」（英：*climate neutral*）。温室ガスの実質排出ゼロを意味する。

📖 読んでみよう　**アンゲラ誕生**　　🔊 11

Angela Merkel wurde 1954 in Hamburg（West-Deutschland）geboren. Damals hieß sie Angela Dorothea Kasner. Ihr Vater war Pfarrer und ihre Mutter war Lehrerin für Latein und Englisch. Einige Wochen nach der Geburt Angelas zog die Familie Kasner von Hamburg in die DDR um. Denn ihr Vater trat im Dorf Quitzow❶ eine Pfarrstelle an. Quitzow liegt im Land Brandenburg und zählt ca. 300 Einwohner. Angela lebte dort für drei Jahre. Danach zog die Familie nach Templin❷ in der Uckermark❸. Angela wuchs in der DDR auf.

❶ クヴィッツォフ（地名）、❷ テンプリン（地名）、❸ ウッカーマーク（地名）

● **zu 不定詞とは**

動詞の不定詞形と zu を組み合わせた表現を zu 不定詞といいます。

動詞 bekommen（受け取る）の zu 不定詞 ➡ zu bekommen

分離動詞 hindurch|treten（通り抜ける）の zu 不定詞 ➡ hindurchzutreten

zu 不定詞句では zu 不定詞を句の末尾に置きます。

ein Geschenk <u>zu</u> bekommen　プレゼントをもらう（こと）

● **zu 不定詞句の使い方**

zu 不定詞句は、主語や目的語など、名詞的（〜すること）に用いられるほか、名詞を修飾する用法もあります。また um などと組み合わせ、目的や状況を表すこともあります。

Es war mein Traum, <u>Englisch zu lernen</u>.　　私の夢は英語を習うことでした。

Haben Sie Lust, <u>mit mir spazieren zu gehen</u>?　私と散歩に行く気はありますか？

---
um ... zu 不定詞 「〜するために」　　　　**ohne ... zu 不定詞** 「〜せずに」

statt ... zu 不定詞 「〜する代わりに」

Angela ging nach Leipzig, <u>um Physik zu studieren</u>.

アンゲラは物理学を勉強するためにライプツィヒに行った。

● **序数**

「第〜の」「〜番目の」を意味する序数を覚えましょう。序数を数字で表すときは 1. や 2. のように数字のあとに .(Punkt) をつけます。

1. erst（1番目）　　**2. zweit**（2番目）　　**3. dritt**（3番目）

このあと 19 までは基数に -t を、20 以上は -st を付けます。

名詞を修飾するとき形容詞の語尾変化をすることに注意しましょう。

Ich wohne im 3. (dritt**en**) Stock.　私は3階（日本でいう4階）に住んでいます。

序数は日付を表すときにも使います。「日」を表すには、定冠詞（男性）をつけた序数を用います。序数の語尾変化を忘れないようにしましょう。

Heute ist der 17. (siebzehnte) Juni.　今日は6月17日です。

✎ **解いてみよう**

1 日本語に合うように zu 不定詞を用いてドイツ語文を完成させましょう。

（1）ここでは（hier）喫煙（rauchen）が禁じられています。

Es ist verboten, _____ .

（2）きみにあのゼミに参加する（an dem Seminar teil|nehmen）ことを勧めるよ。

Ich empfehle dir, _____ .

（3）私たちはこの件で（in dieser Angelegenheit）あなたがたと（mit Ihnen）話し合う
（sprechen）用意があります。

Wir sind bereit, _____ .

2 序数を使ってドイツ語文を書き、発音してみましょう。

（1）今日は11月1日です。

_____

（2）長い間（lange Zeit）私の両親は二人で（zu zweit）暮らしている。

_____

（3）会議（die Sitzung）は10月15日に行われます（statt|finden）。

_____

💬 **グループワーク**

1 移民や難民について、戦後の西ドイツにおける受け入れの歴史を調べてみましょう。

_____

_____

2 メルケル首相の難民受け入れに関する発言を調べ、感想を話し合ってみましょう。

_____

_____

33

Lektion 7

● グローバルに行動する

Veränderungen zum Guten❶ sind möglich, wenn wir sie gemeinsam angehen. In Alleingängen❷ wird das nicht gelingen. Und so ist dies mein *zweiter* Gedanke für Sie: Mehr denn je❸ müssen wir multilateral❹ statt unilateral❺ denken und handeln, global statt national, weltoffen statt isolationistisch❻. Kurzum❼: gemeinsam statt allein.

Sie, liebe Absolventinnen und Absolventen, werden dazu in Zukunft noch ganz andere Chancen haben als meine Generation. Wahrscheinlich hat Ihr Smartphone weitaus❽ mehr Rechenleistung als der von der Sowjetunion nachgebaute IBM-Großrechner❾, den ich 1986 für meine Dissertation in der DDR nutzen konnte.

❶ Veränderungen zum Guten：Veränderungen は動詞 ändern を名詞化したものと考え、…⁴ zum Guten ändern「（4格を）改善する」から文の意味を把握する。

❷ Alleingängen：Alleingang の複数3格。

❸ Mehr denn je：「これまで以上に」。

❹ multilateral：「多面的に、多国間の関係で相互的に」。外交用語では「多国間」を「マルチラテラル」、「二国間」を「バイラテラル」などと表現することもある。

❺ unilateral：「一方的に」。相手国のことを考慮しない関係のことを指している。

❻ isolationistisch：「孤立主義的に」。

❼ kurzum：「要するに、手短にいえば」。副詞。

❽ weitaus：「はるかに」。形容詞の比較級とともに使う。

❾ der von der Sowjetunion nachgebaute IBM-Großrechner：「ソ連によって模造された IBMコンピュータ」。nach|bauen「模造する」。

📄 **読んでみよう　新型コロナウィルス感染者数の減少**［メルケルの言葉］　🔊 13

Meine Damen und Herren, wenn wir uns hier in Deutschland die neuesten Zahlen des Robert-Koch-Instituts* ansehen, dann zeigen die Indikatoren, dass sie sich in die richtige Richtung entwickeln, zum Beispiel eine verlangsamte Infektionsgeschwindigkeit, derzeit täglich mehr Genesene als Neuerkrankte. Das ist ein Zwischenerfolg. Aber gerade, weil die Zahlen Hoffnungen auslösen, sehe ich mich verpflichtet, zu sagen: Dieses Zwischenergebnis ist zerbrechlich. Wir bewegen uns auf dünnem Eis, man kann auch sagen: auf dünnstem Eis.

*ロベルト・コッホ研究所

● 形容詞の比較変化

比較級は原級に -er をつけ、最上級は原級に -st をつけて作ります。母音がウムラウトするものもあります。

lieb	親愛な	lieber	liebst	
fest	賢い	fester	festest	➡ 末尾が t の場合は -est
kurz	短い	kürzer	kürzest	➡ 末尾が z の場合は -est
groß	大きい	größer	größt	➡ groß の最上級は -t をつける

よく使われる不規則な変化。

gut	よい	besser	best
hoch	高い	höher	höchst
viel	多い	mehr	meist

Point
比較級と最上級

比較級も最上級も形容詞ですので名詞を修飾する場合は形容詞の語尾がつきます。
最上級は定冠詞を伴い、語尾変化するのが普通です。

定冠詞 + 最上級 -e + 名詞	das neueste Buch	いちばん新しい本
am + 最上級 -en	Das Buch ist am neuesten.	その本が最も新しい。

比較の対象は als で表します。比較する 2 つは同じ格で表します。
本文 8 行目以降の文では 1 格(主語)を比較しています。また mehr は無語尾で用いられます。

Wahrscheinlich hat Ihr Smartphone weitaus **mehr** Rechenleistung
　　　　　　　　　　1格

als der von der Sowjetunion nachgebaute IBM-Großrechner.
　　　　　　　　　　　　　　　　　　　　　1格

おそらくあなたがたのスマートフォンは、ソ連によって模造された IBM コンピュータよりもはるかに高い計算能力を持っている。

解いてみよう

日本語に合うように、与えられた語句をすべて用いドイツ語文を書いてみましょう。
動詞と形容詞・副詞は適切に変化させましょう。

（1）ドイツはイタリアより大きい。

[als / Deutschland / groß / Italien / sein]

_____

（2）どの山がドイツで一番高いの？——ツークシュピッツェ山です。

[am / in Deutschland / hoch / sein / welcher Berg / die Zugspize]

_____

（3）私はビールよりワインが好きです。

[als / Bier / ich / trinken / gern / Wein]

_____

（4）私たちの学校は市役所と同じ年数が経っている。

[alt / das Rathaus / unsere Schule / sein / so... wie...]

_____

（5）日曜日に私の弟はサッカーをする。

[am Sonntag / jung / Bruder / Fußball / mein / spielen]

_____

グループワーク

1 ドイツと諸外国、たとえばアメリカ合衆国との協調関係について調べてみましょう。

2 これからの日本は、どのようにドイツや他の国と協調できるか考え、話し合ってみましょう。

 発展学習資料

『強い国家の作り方』ラルフ・ボルマン著
村瀬民子訳、ビジネス社

◖ AI の可能性

Heute nutzen wir Künstliche Intelligenz❶, etwa um Millionen von Bildern nach Symptomen von Krankheiten zu durchsuchen❷ und zum Beispiel Krebs besser diagnostizieren zu können. Zukünftig könnten❸ empathische Roboter Ärzten und Pflegern helfen, sich auf die individuellen Bedürfnisse einzelner Patienten zu konzentrieren. Wir können gar nicht absehen❹, welche Anwendungen❺ möglich werden. Aber die Chancen, die sich damit verbinden, sind wahrhaftig atemberaubend❻.

Liebe Absolventen, es liegt im Wesentlichen an Ihnen, wie wir diese Chancen nutzen werden. Sie werden es sein, die darüber mitentscheiden❼, wie sich unsere Art zu arbeiten, zu kommunizieren, uns fortzubewegen❽, ja, unsere ganze Art zu leben❾, weiterentwickeln❿ wird.

❶ Künstliche Intelligenz：「人工知能」。

❷ durchsuchen：「探す、チェックする」。

❸ könnten：助動詞 können の接続法２式（→文法の確認）

❹ ab｜sehen：「予測する」。

❺ Anwendungen：「使用、応用」。

❻ atemberaubend：「息をのむような、はっとするような」。

❼ mit｜entscheiden：「（他の人々と）ともに決定する」。

❽ fort｜bewegen：「（４格を）動かす、前進させる」。分離動詞なので zu 不定詞の zu の位置に注意。

❾ unsere ganze Art zu leben：unsere Art zu leben は「私たちの生き方」という意味で英語の our way of life に相当する。ここでは ganze が入っているので、そこに込められた意味を考えよう。

例）Es war einfach unsere Art zu leben.　それはただ私たちの生き方だった。

❿ sich⁴ weiter｜entwickeln：「さらに発展する」。

📄 **読んでみよう　音楽について** ［メルケルの言葉］　🔊 15

Ich bin Musikliebhaberin. So ist es mir eine große Freude, dass in unserer Ratspräsidentschaft* ein ganz besonderer Jahrestag liegt. Im Dezember 2020 wäre der Komponist der Europahymne, Ludwig van Beethoven, 250 Jahre alt geworden. Mich erfüllt diese 9. Sinfonie immer noch und immer wieder neu. Bei jedem Hören entdecke ich in der Musik etwas anderes, das mich trifft und beeindruckt, so wie Europa auch.

*「EU議長国」。ドイツは2020年7月1日にEU議長国に就任した。

● **話者の気持ちを知るためには**

①一般的な事実や断定的な見解を述べるとき、動詞は現在形が使われます。

例として本文中の２つの文をこの観点から考えましょう。

（本文１行目）

Heute <u>nutzen</u> wir Künstliche Intelligenz.

（本文９行目）

Es <u>liegt</u> im Wesentlichen an Ihnen, wie wir diese Chancen nutzen werden.

②控えめな推測や婉曲の表現には接続法２式が用いられます。

Das <u>wäre</u> das Beste.
それが一番いいでしょう。

Ich <u>würde</u> sagen, es handelt sich um ein ökonomisches Problem.
それは経済上の問題と言えるかもしれませんね。

（本文３行目）

Zukünftig <u>könnten</u> empathische Roboter Ärzten und Pflegern helfen.

このkönntenは助動詞könnenの接続法２式です。「～かもしれない」という控えめな推測を表します。

● **ドイツ語の略語**

近年よくみかける言葉「人工知能」は、英語の略語ではAI（artificial intelligence）、ドイツ語ではKI（Künstliche Intelligenz）といいます。日常生活の中でよく使われる略語を覚えると便利です。

Aktiengesellschaft	株式会社	➡	AG
Universitätsbibliothek	大学図書館	➡	UB

解いてみよう

ドイツ語でよく使う略語を略さずに書いてみましょう。

〈 国名 〉

（1）BRD _____

（2）DDR _____

〈 鉄道 〉

（3）Hbf _____

（4）ICE _____

（5）RB _____

〈 固有名詞 〉

（6）KaDeWe _____

（7）ZDF _____

（8）FAZ _____

〈 その他 〉

（9）z. B. _____

（10）d. h. _____

グループワーク

ドイツの主要産業は自動車や精密機械、化学・製薬などです。それぞれの分野で有名なドイツ企業を調べ、その製品へのイメージなどを話し合ってみましょう。

_____

_____

 発展学習資料

ドイツ連邦共和国　基礎データ（外務省）

（日本語）https://www.mofa.go.jp/mofaj/area/germany/data.html

🌀 ゆっくり考え、正しい選択をしよう

Als Bundeskanzlerin muss ich mich oft fragen: Tue ich das Richtige? Tue ich etwas, weil es richtig ist, oder nur, weil es möglich ist? Das sollten❶ auch Sie sich immer wieder fragen – und das ist mein *dritter* Gedanke für Sie heute. Setzen wir die Regeln der Technik❷ oder bestimmt die Technik unser Zusammenleben❸? Stellen wir den Menschen mit seiner Würde und in all seinen Facetten❹ in den Mittelpunkt❺ oder sehen in ihm nur den Kunden, die Datenquelle, das Überwachungsobjekt?

Das sind schwierige Fragen. Ich habe gelernt, dass auch für schwierige Fragen Antworten gefunden werden können, wenn wir die Welt immer auch mit den Augen des anderen sehen. Wenn wir Respekt vor der Geschichte, der Tradition, der Religion und der Identität anderer haben. Wenn wir fest zu unseren unveräußerlichen❻ Werten stehen❼ und genau danach handeln. Und wenn wir bei allem Entscheidungsdruck nicht immer unseren ersten Impulsen folgen, sondern zwischendurch❽ einen Moment innehalten❾, schweigen, nachdenken, Pause machen.

❶ sollten：助動詞 sollen の接続法 2 式。（→ L.8 文法の確認）

❷ die Regeln der Technik setzen：「（科学）技術のルールを決める」。

❸ unser Zusammenleben bestimmen：「私たちの共同生活を決定する」。

❹ Facetten：「（宝石の）面」。複数形。

❺ Mittelpunkt：男性名詞。「中心点、核心」。

❻ unveräußerlich：「譲渡できない、手放すことのできない」。

❼ zu ...³ stehen：「（3 格に）従う、（3 格を）守る」。

例）zu seinem Wort stehen　約束を守る

❽ zwischendurch：「そのあいだに、ときおり」。

❾ inne|halten：分離動詞「（4 格を）中断する」。

📄 **読んでみよう　新型コロナウイルス感染拡大の影響** ［メルケルの言葉］ 17

Unsere Wirtschaft wurde und wird europaweit schwer erschüttert. Millionen Beschäftigte haben ihren Arbeitsplatz verloren. Zusätzlich zu den Sorgen um ihre Gesundheit und die Gesundheit ihrer Familien ist bei vielen Bürgerinnen und Bürgern so auch noch die Angst um ihre wirtschaftliche Existenz dazugekommen. Sie alle brauchen jetzt unsere gemeinsame Unterstützung.

● **受動態**

　受動の助動詞werdenを過去分詞と組み合わせて受動態(受け身)の文を作ります。「(1格が)〜される」という意味になります。

Auch in Österreich **wird** Deutsch gesprochen.
　　　　　　　　受動の助動詞　　1格　　　過去分詞

オーストリアでもドイツ語が話されている。

(L.1本文7行目)

Menschen **wurden** unterdrückt und überrwacht.
　1格　　受動の助動詞　　過去分詞　　　　　過去分詞

　unterdrücktは非分離動詞unterdrücken「抑圧する」、überwachtは非分離動詞überwachen「監視する」の過去分詞です。wurdenはwerdenの過去形です。

　受動の助動詞werdenは、ほかの助動詞とともに用いる場合、文末に置きます。

(本文10行目参照)

Die Antworten können leicht gefunden **werden**.
　1格　　　　　　　　　　　過去分詞　受動の助動詞

● **形容詞の名詞化①**

　形容詞の頭文字を大文字で書いて「〜の人」「〜のもの」という意味で使うことができます。男性・女性・複数の変化形は「人」を表します。中性の変化形は「こと」や「もの」を表します。(→L.12)

krank　　➡　　der Kranke / die Kranke
　　　　　　　　「男性の患者／女性の患者」

wichtig　➡　　das Wichtige
　　　　　　　　「重要なこと」

✎ **解いてみよう**

1 日本語文に合うように、受動の助動詞werdenと与えられた動詞を適切に変化させて記入しましょう。

（1）その自転車はその子にプレゼントされる。

Das Fahrrad _____ dem Kind _____ .　　　（ werden / schenken ）

（2）その男は逮捕された。

Der Mann _____ _____ .　　　（ werden / verhaften ）

（3）その患者は手術されなければならない。

Der Patient muss _____ _____ .　　　（ werden / operieren ）

2 次の文を受動文に書き換えましょう。

（1）Am Montag repariert der Techniker die Waschmaschine.

_____

（2）Endlich fanden wir das Kind.

_____

（3）Die Ärztin hat meine Mutter untersucht.

_____

💬 **グループワーク**

ドイツの歴史や文化のなかで、尊敬すべき点を、具体的に話し合ってみましょう。もしこれまでに考えたことがなければ、インターネットなどで調べ、いくつか具体的に挙げてみましょう。

_____

_____

_____

_____

Lektion 10

心の中にある「壁」

Freilich❶, dafür braucht es durchaus❷ Mut. Vor allem braucht es Wahrhaftigkeit gegenüber anderen und – vielleicht am wichtigsten – gegenüber uns selbst. Wo wäre❸ es besser möglich, damit anzufangen, als genau hier an diesem Ort❹, an dem so viele junge Menschen aus der ganzen Welt unter dem Motto der Wahrheit gemeinsam lernen, forschen und die Fragen unserer Zeit diskutieren? Dazu gehört, dass wir Lügen nicht Wahrheiten nennen und Wahrheiten nicht Lügen. Es gehört dazu, dass wir Missstände nicht als unsere Normalität akzeptieren.

Was aber könnte Sie, was könnte uns daran hindern? Wieder sind es Mauern: Mauern in den Köpfen – aus Ignoranz und Engstirnigkeit❺. Sie verlaufen zwischen Mitgliedern einer Familie ebenso wie zwischen gesellschaftlichen Gruppen, Hautfarben, Völkern, Religionen. Ich wünsche mir, dass wir diese Mauern einreißen – Mauern❻, die uns immer wieder daran hindern, uns über die Welt zu verständigen❼, in der wir ja gemeinsam leben wollen.

❶ freilich：「もちろん」。

❷ durchaus：「絶対に」。

❸ wäre：sein の接続法 2 式。（→L.8 文法の確認）

❹ an diesem Ort：この後から始まる関係文は練習問題 1 の（1）を参照。

❺ Engstirnigkeit：女性名詞。「視野の狭さ、頑迷」。

❻ Mauern：この後から始まる関係文は練習 1 の（2）を参照。

❼ sich⁴ verständigen：「お互いに了解しあう、わかりあう」。

 読んでみよう　FIFA ワールドカップドイツ優勝（2014年） 19

Deutschland ist Weltmeister!

Weltweit hat ein Milliarden-Publikum das spannende Finale der Fußball-Weltmeisterschaft in Brasilien verfolgt. Unter den mehr als 70.000 Zuschauern im Maracanã-Stadion* in Rio waren auch die Bundeskanzlerin und der Bundespräsident. Gemeinsam sahen sie den Sieg des deutschen Teams.

In der Verlängerung hat Mario Götze das entscheidende 1:0 für das deutsche Team geschossen. Nach 24 Jahren holen die Spieler der Nationalelf den Pokal wieder nach Deutschland. Dies ist der vierte Weltmeister-Titel nach 1954, 1974 und 1990 für eine deutsche Mannschaft.

Bundeskanzlerin Angela Merkel war gemeinsam mit Bundespräsident Joachim Gauck nach Brasilien gereist. Von der Tribüne des Maracanã-Stadion in Rio de Janeiro aus hatten sie das Endspiel gegen Argentinien verfolgt.

*マラカナンスタジアム（FIFA ワールドカップ2014 決勝会場）

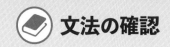 **文法の確認**

● 動詞 nennen の使い方

動詞 nennen は本文で使われているように4格目的語を2つ持つことができます。動詞 nennen は「名づける、呼ぶ、言う、挙げる」などの意味です。

<u>Wir nennen das Kind Angela.</u>　　私たちはその子をアンゲラという名前にする。
　　　　　　4格　　 4格

<u>Das</u> nennt man <u>Mut.</u>　　　　これこそ勇気というものだ。
4格　　　　　 4格

4格目的語1つで使うこともあります。

Ich kann dafür viele Beispiele nennen.　　それにはたくさんの例をあげることができる。

4格目的語を2つ持つことのできる動詞は **nennen** の他にもあります。たとえば ab|hören「試問する」、lehren「教える」、schimpfen「ののしる」などです。

● 現在分詞

現在分詞は動詞の不定詞に d をつけて表します。

folgen	ついて行く	➡	folgend
kommen	来る	➡	kommend
reisen	旅行する	➡	reisend

（例外）

| sein | である | ➡ | seiend |
| tun | する | ➡ | tuend |

現在分詞は形容詞として名詞を修飾したり、副詞としても用いられます。

im kommend*en* Jahr　　来年
Singend kam er herein.　　歌いながら彼は入ってきた。

練習 » 10

✎ **解いてみよう**

本文中にある下記のフレーズをよく見て、例を参考に関係代名詞と先行詞をそれぞれ ☐ で囲みましょう。関係文を（　）に入れ、関係文の動詞に下線を引きましょう。

（→L.5 の練習）

（例） ☐Der Plan von George Marshall☐ hat dazu beigetragen, （☐den☐ er hier 1947 bei einer Commencement Speech verkündete）.

（1） an diesem Ort, an dem so viele junge Menschen aus der ganzen Welt unter dem Motto der Wahrheit gemeinsam lernen, forschen und die Fragen unserer Zeit diskutieren.

（2） Mauern, die uns immer wieder daran hindern, uns über die Welt zu verständigen, in der wir ja gemeinsam leben wollen.

💬 **グループワーク**

1 いままでに相手とのコミュニケーションに「壁」を感じたことはありますか？　なるべく身近な例を挙げて話し合ってみましょう。

_____

_____

_____

_____

2 もしその「壁」を越えられたら、それは自分にとってどのような意味を持つでしょうか。そのとき得られる新しい経験について想像し、話し合ってみましょう。

_____

_____

_____

_____

🚀 **発展学習資料**

DVD「グッバイ・レーニン！」

🌓 「壁」の向こう側にあるもの

Ob es gelingt❶, liegt an uns❷. Deshalb mein *vierter* Gedanke: Bedenken Sie: nichts ist selbstverständlich. Unsere individuellen Freiheiten sind nicht selbstverständlich, Demokratie ist nicht selbstverständlich, Frieden nicht und Wohlstand auch nicht❸.

Aber wenn wir die Mauern, die uns einengen❹, einreißen, wenn wir ins Offene gehen und Neuanfänge wagen❺, dann ist alles möglich. Mauern können einstürzen. Diktaturen können verschwinden. Wir können die Erderwärmung stoppen. Wir können den Hunger besiegen. Wir können Krankheiten ausrotten❻. Wir können den Menschen, insbesondere❼ Mädchen, Zugang zu Bildung verschaffen❽. Wir können die Ursachen von Flucht und Vertreibung bekämpfen. Das alles können wir schaffen.

Fragen wir deshalb nicht zuerst, was nicht geht oder was schon immer so war. Fragen wir zuerst, was geht, und suchen wir nach dem, was noch nie so gemacht wurde. Genau diese Worte habe ich im Jahr 2005 in meiner allererersten Regierungserklärung❾ als neu gewählte Bundeskanzlerin der Bundesrepublik Deutschland, als erste Frau in diesem Amt, im Deutschen Bundestag, dem deutschen Parlament, gesagt.

Und genau mit diesen Worten möchte ich Ihnen auch meinen *fünften* Gedanken sagen: Überraschen wir uns damit, was möglich ist – überraschen wir uns damit, was wir können!

❶ gelingen：「（事柄などを主語にして）うまくいく、成功する」。

❷ an ...³ liegen：「（3格が）重要である、（3格に）かかっている」。

❸ Demokratie 以下の文の中で省略されている語に注意。（→文法の確認）

❹ ein|engen：分離動詞「（4格を）狭める、制限する」。

❺ wagen：「思いきって（4格を）する、〜する勇気がある」。

❻ aus|rotten：分離動詞「（4格を）根絶する」。

❼ insbesondere：「とくに、とりわけ」。

❽ verschaffen：「（3格に）（4格を）得させる、（3格が）（4格を）得られるよう世話をする」。

❾ in meiner allerersten Regierungserklärung：「（メルケルが2005年に初めて首相に就任した）私の一番最初の所信表明演説で」（→発展学習資料）

 読んでみよう **G7 エルマウサミット開催準備（2015年）** 🔊 21

Bundeskanzlerin Merkel will in Tokio den G7-Gipfel vorbereiten, der im Juni in Bayern stattfindet. Bei ihren Gesprächen mit der japanischen Regierung geht es auch um ein Freihandelsabkommen. Die Staats- und Regierungschefs der sieben großen Industriestaaten kommen im Juni nach Deutschland. Zur Vorbereitung des Treffens im bayerischen Schloss Elmau hat Bundeskanzlerin Angela Merkel schon die USA, Kanada, Großbritannien, Italien und Frankreich besucht. Nun ist Japan an der Reihe.

(*Deutsche Welle*, Montag, 09.03.2015)

文法の確認

● 語の省略

　ドイツ語文では、言葉の反復を避けて省略することがよくあります。文の要素が不足しているときは、省略された語がなにかを確認して読むとよいでしょう。

（本文3行目）
　Demokratie ist nicht selbstverständlich, Frieden nicht und Wohlstand auch nicht.

　この文の Frieden nicht と Wohlstand auch nicht には、前出の ist と selbstverständlich がそれぞれ省略されています。

　➡　Demokratie ist nicht selbstverständlich.
　　　Frieden ist nicht selbstverständlich.
　　　Wohlstand ist auch nicht selbstverständlich.

　合成語(→L.4)の場合も、省略される語に注意しましょう。
　たとえば Außen- und Sicherheitspolitik（外交政策及び安全保障政策）と書かれている場合、Außen のあとには Politik が省略されています（Außenpolitik）。

　Radio- und Fernsehgebühren　　◀（Radiogebühren und Fernsehgebühren）
　ラジオ・テレビ受信料
　Kinder- und Hausmärchen　　◀（Kindermärchen und Hausmärchen）
　子どもと家庭のメルヘン

● 勧誘の表現

　wir を用い気軽な勧誘の表現を作ることができます。

　Gehen wir langsamer!　　　そろそろ行こう！
　Wollen wir ins Kino gehen?　映画を見に行こうか？

✎ 解いてみよう

wir を使った勧誘の文を作りましょう。

（1）カフェに行こう！

_____

（2）週末お祭(das Fest)に行ってみましょうか？

_____

（3）スーパーマーケットに行ってなにか食べ物を買おう。

_____

💬 グループワーク

1 メルケル首相が本文中に挙げたさまざまな課題を参考に、日本における課題を3つ考えて書いてみましょう。

（1）_____

（2）_____

（3）_____

2 1の課題の中から関心の高いテーマをひとつ選び、解決策について話し合ってみましょう。

🚩 発展学習資料

アンゲラ・メルケル首相所信表明演説(2005年)(ドイツ語)

Regierungserklärung von Bundeskanzlerin Dr. Angela Merkel

Bulletin der Bundesregierung, Nr.93-1 2005

🌓 終わりなくして始まりはない

In meinem eigenen Leben war es der Fall der Berliner Mauer, der es mir vor nun fast 30 Jahren erlaubte, ins Offene zu gehen. Ich habe damals meine Arbeit als Wissenschaftlerin hinter mir gelassen und bin in die Politik gegangen. Das war aufregend und voller Zauber, so wie auch für Sie Ihr Leben aufregend und voller Zauber sein wird. Aber ich hatte auch Momente des Zweifels und der Sorge. Wir alle wussten damals, was hinter uns lag, aber nicht, was vor uns liegen würde. Vielleicht geht es Ihnen bei aller Freude über den heutigen Tag ja auch ein wenig so.

Als meine *sechste* Erfahrung kann ich Ihnen deshalb auch sagen: Der Moment der Offenheit ist auch ein Moment des Risikos. Das Loslassen des Alten❶ gehört zum Neuanfang dazu. Es gibt keinen Anfang ohne ein Ende, keinen Tag ohne die Nacht, kein Leben ohne den Tod. Unser ganzes Leben besteht aus der Differenz, aus dem Unterschied zwischen dem Beginnen und dem Beenden❷. Das, was dazwischenliegt, nennen wir Leben und Erfahrung.

Ich glaube, dass wir immer wieder bereit sein müssen, Dinge zu beenden, um den Zauber des Anfangens zu spüren und Chancen wirklich zu nutzen. Das war meine Erfahrung im Studium, in der Wissenschaft – und das ist sie in der Politik. Und wer weiß, was für mich nach dem Leben als Politikerin folgt? Es ist völlig offen. Nur eines ist klar: Es wird wieder etwas Anderes und Neues❸ sein.

❶ Das Loslassen des Alten：das Loslassen は次ページ「文法の確認」を参照し、分離動詞 los | lassen を辞書で調べる。des Alten は L.9「文法の確認」を参照する。

❷ zwischen dem Beginnen und dem Beenden：dem Beginnen と dem Beenden は次ページ「文法の確認」を参照し、動詞 beginnen 及び beenden を辞書で調べる。

❸ etwas Anderes und Neues：次ページ「文法の確認」を参照。

📄 **読んでみよう　欧州の未来 1** ［メルケルの言葉］　 23

Mir sind fünf Themen in dieser Zeit besonders wichtig: unsere Grundrechte, der Zusammenhalt, der Klimaschutz, die Digitalisierung und Europas Verantwortung in der Welt. Diese fünf Themen sind wichtig, weil wir Europa nachhaltig wandeln müssen, wenn wir Europa schützen und bewahren wollen. Nur dann wird Europa auch in einer sich rasant verändernden globalen Ordnung souverän und verantwortungsvoll seine eigene Rolle einnehmen können.

📄 **読んでみよう　欧州の未来 2** ［メルケルの言葉］　 24

Europa ist nicht nur etwas, das uns übergeben wurde, etwas Schicksalhaftes, das uns verpflichtet, sondern Europa ist etwas Lebendiges, das wir gestalten und verändern können. Europa nimmt uns keine Handlungsmöglichkeiten, sondern in einer globalisierten Welt gibt Europa uns erst welche. Nicht ohne, sondern nur mit Europa können wir unsere Überzeugungen und Freiheiten erhalten.

📖 文法の確認

● **動詞の名詞化**

動詞の不定形を大文字から書くと「〜すること」という意味の中性名詞になります。

das Treffen am Montag　　　　　月曜日の会合

Das Essen steht auf dem Tisch.　食事はテーブルの上にある。

● **肯定の表現になる二重否定**

本文にあるように kein と ohne など否定の意味を持つ語を組み合わせ、文全体として肯定の意味を作ることができます。

Kein Rauch ohne Flamme.　　　　火のないところに煙は立たぬ。

Es gibt kein Leben ohne Wasser.　水がなければ生命はない。

● **形容詞の名詞化②**

形容詞の頭文字を大文字で書き、名詞的に用いることができます。(→L.9)

本文にある etwas Anderes und Neues のように、形容詞を中性名詞にした場合、etwas とともに用いると「なにか〜なもの」という意味になります。

etwas の代わりに nichts にすると「〜なものはなにもない」という意味になります。

Gibt es etwas Neues?

なにか新しいことはありますか？

Bei der Durchsuchung hat die Polizei nichts Gefährliches entdeckt.

警察による捜索では何も危険なものは見つからなかった。

練習 » 12

解いてみよう

日本語文に合うように、与えられた語を使い、足りない語は補ってドイツ語文を書きましょう。

（1）彼は彼女なしで生きていけない。[kann ... leben]

_____

（2）欠点のない人はいない。[Mensch / Fehler / sein]

_____

（3）その女性は子どもを連れずに去ろうとはしなかった。
　　 [die Frau / das Kind / wollte ... weggehen]

_____

グループワーク

1 ドイツの未来について、前向きに話し合ってみましょう。

_____

_____

_____

_____

_____

2 巻末資料を参考にアンゲラ・メルケル首相が、この講演の初めと終わりに英語で話した理由を考えてみましょう。そしてもし全文がドイツ語だったら、聴衆にどのような印象を与えるか話し合ってみましょう。

_____

_____

_____

_____

_____

_____

巻末資料

● スピーチ冒頭部及び結部

ハーヴァード大学卒業式でのアンゲラ・メルケル首相スピーチの冒頭部 (英語原文)

President Bacow,
Fellows of the Corporation,
Members of the Board of Overseers,
Members of the Alumni Board,
Members of the Faculty,
Proud Parents and Graduates!
Today is a day of joy. It's your day. Many congratulations! I am delighted to be here today and would like to tell you about some of my own experiences. This ceremony marks the end of an intensive and probably also hard chapter in your lives. Now the door to a new life is opening. That's exciting and inspiring.

The German writer Hermann Hesse had some wonderful words for such a situation in life. I'd like to quote him and then continue in my native language.

ハーヴァード大学卒業式でのアンゲラ・メルケル首相スピーチの結部 (英語原文)

That's why I want to leave this wish with you: Tear down walls of ignorance and narrow-mindedness, for nothing has to stay as it is. Take joint action – in the interests of a multilateral global world. Keep asking yourselves: Am I doing something because it is right or simply because it is possible? Don't forget that freedom is never something that can be taken for granted. Surprise yourselves with what is possible. Remember that openness always involves risks. Letting go of the old is part of a new beginning. And above all: Nothing can be taken for granted, everything is possible. Thank you!

●出典一覧

・本文 10, 14, 18, 22, 26, 30, 34, 38, 42, 46, 50, 54 頁及び巻末資料　🔊 25
Bulletin No. 70-1 from 30 May 2019, publisher: The Press and Information Office of the Federal Government
Rede von Bundeskanzlerin Dr. Angela Merkel
bei der 368. Graduationsfeier der Harvard University am 30. Mai 2019 in Cambridge
なお、スピーチ全文（冒頭部及び結部を除く）の音源はトラック25番にまとめて収録してあります。

・19頁　（第3課）
「読んでみよう」なぜ物理学を勉強したか
Rede von Bundeskanzlerin Merkel zur Verleihung der Ehrendoktorwürde durch die Handelshochschule Leipzig am 31. August 2019 in Leipzig
Redner: Angela Merkel
Datum: Samstag, 31. August 2019
Ort: Leipzig
https://www.bundeskanzlerin.de/bkin-de/aktuelles/regierungserklaerung-von-bundeskanzlerin-merkel-1746554　（2020年9月23日閲覧）

・23頁（第4課）
「読んでみよう」日本でロボットに会う（2015年）
STERN　2015年3月9日
https://www.stern.de/politik/deutschland/merkel-besucht-japan-und-spielt-mit-roboter-asimo-fussball-5957226.html　（2020年9月23日閲覧）
（見出し）KANZLERIN MERKEL IN JAPAN
Wenn der Roboter Asimo mit Angela Fußball spielen will

・27頁（第5課）
「読んでみよう」日本訪問（2019年）
Deutsche Welle 2019年2月4日
https://www.dw.com/de/merkel-nimmt-sich-zeit-f%C3%BCr-japan/a-47346100
（2020年9月23日閲覧）

・31頁（第6課）
「読んでみよう」アンゲラ誕生
編者書き下ろし

・35頁（第7課）
「読んでみよう」新型コロナウィルス感染者数の減少
Regierungserklärung von Bundeskanzlerin Merkel
Redner: Angela Merkel
Datum: Donnerstag, 23. April 2020
Ort: Berlin

https://www.bundeskanzlerin.de/bkin-de/aktuelles/regierungserklaerung-von-bundeskanzlerin-merkel-1746554
（2020年9月23日閲覧）

- **39頁（第8課）**
「読んでみよう」音楽について
Rede von Bundeskanzlerin Merkel zur deutschen EU-Ratspräsidentschaft 2020 vor dem Europäischen Parlament am 8. Juli 2020 in Brüssel
Redner: Angela Merkel
Datum: Mittwoch, 08. Juli 2020
Ort: Brüssel
https://www.bundeskanzlerin.de/bkin-de/aktuelles/rede-von-bundeskanzlerin-merkel-zur-deutschen-eu-ratspraesidentschaft-2020-vor-dem-europaeischen-parlament-am-8-juli-2020-in-bruessel-1767368 （2020年9月23日閲覧）
*以下、「欧州議会演説」と表記する。

- **43頁（第9課）**
「読んでみよう」新型コロナウイルス感染拡大の影響
欧州議会演説（既出）

- **47頁（第10課）**
「読んでみよう」FIFAワールドカップドイツ優勝（2014年）
bundeskanzlerin.de 2014年7月13日
https://www.bundeskanzlerin.de/bkin-de/angela-merkel/terminkalender/reiseberichte/deutschland-ist-weltmeister--606770 （2020年9月23日閲覧）
（見出し）Deutschland ist Weltmeister!

- **51頁（第11課）**
「読んでみよう」G7エルマウサミット開催準備（2015年）
Deutsche Welle 2015年3月9日
https://www.dw.com/de/merkel-beginnt-zweit%C3%A4gigen-japan-besuch/a-18303014
（2020年9月23日閲覧）
（見出し）Merkel beginnt zweitägigen Japan-Besuch

- **55頁（第12課）**
「読んでみよう」欧州の未来1
欧州議会演説（既出）
「読んでみよう」欧州の未来2
欧州議会演説（既出）

編著者紹介

村瀬民子（むらせ　たみこ）
　東京外国語大学非常勤講師
　早稲田大学演劇博物館招聘研究員

「壁」を壊す　メルケル独首相スピーチ

2021年2月10日　第1刷発行
2023年3月20日　第3刷発行

編著者 ©　村　瀬　民　子
発行者　岩　堀　雅　己
印刷所　株式会社梨本印刷

発行所　101-0052東京都千代田区神田小川町3の24
　　　　電話 03-3291-7811（営業部）, 7821（編集部）　株式会社 白水社
　　　　www.hakusuisha.co.jp
　　　　乱丁・落丁本は、送料小社負担にてお取り替えいたします。

振替 00190-5-33228　　　　　　　　　　　　　株式会社島崎製本

ISBN978-4-560-06434-4

Printed in Japan

1日15分で基礎から中級までわかる みんなのドイツ語

荻原耕平／畠山 寛 [著]

大きな文字でドイツ語の仕組みを1から解説. 富な例文と簡潔な表で
ポイントが一目でわかる. 困ったときに頼りになる一冊. 音声ダウンロー
ド付.　　　（2色刷）A5判　231頁　定価2420円（本体2200円）

入門書・初級文法書	**ドイツ語のしくみ**《新版》 清野智昭 著 B6変型　146頁　定価1430円（本体1300円）	言葉には「しくみ」があります. まず大切なのは全体を大づかみに理解すること. 最後まで読み通すことができる画期的な入門書！
	必携ドイツ文法総まとめ（改訂版） 中島悠爾／平尾浩三／朝倉 巧 著（2色刷） B6判　172頁　定価1760円（本体1600円）	初・中級を問わず座右の書！　初学者の便を考え抜いた文法説明や変化表に加え, 高度の文法知識を必要とする人の疑問にも即座に答えるハンドブック.
中級参考書	**中級学習者のためのドイツ語 質問箱**●100の疑問　　田中雅敏 著 四六判 238頁 定価2420円（本体2200円）	外国語の勉強はわからないことだらけ. 学習者から寄せられたさまざまな疑問にドイツ語学の先生がやさしく丁寧に答える待望の一冊.
	中級ドイツ文法［新装版］ 中山 豊 著 A5判　349頁　定価4180円（本体3800円）	基礎から応用まで, 学習者の疑問はこの一冊で解消. 専門の先生からも高い評価を受ける, 日本で最も詳しいドイツ語の文法書. 索引付.
	中級ドイツ語のしくみ 清野智昭 著 四六判 293頁 定価3080円（本体2800円）	さらなる一歩を目指す人のためにドイツ語上達のコツを伝授. なぜドイツ語はこう考えるのか. 読む文法書！
問題集	**ドイツ語練習問題3000題**（改訂新版） 尾崎盛景／稲田 拓 著 A5判　194頁　定価1980円（本体1800円）	ドイツ語の基本文法, 作文, 訳読をマスターするための問題集. 各課とも基礎問題, 発展問題, 応用問題の3段階式で, 学習者の進度に合わせて利用可能.
検定対策	**独検対策 4級・3級問題集**（四訂版） 恒吉良隆 編著　　　【CD 2枚付】 　A5判 195頁 定価2530円（本体2300円）	過去問の出題傾向を分析し, 学習のポイントと類題で必要な文法事項をマスターする, ベストセラーの最新版. 基本単語1700語付.
	新 独検対策4級・3級必須単語集 森泉／クナウプ ハンス・J 著【CD2枚付】 四六判 223頁 定価2530円（本体2300円）	独検4級・3級に必要な基本単語が300の例文で確認できます. 付属CDには各例文のドイツ語と日本語を収録. 聞き取り練習も用意.
会話	**中級ドイツ語会話ハンドブック** ［新版］谷澤優子／ガブリエラ・シュミット 著 四六判　223頁　定価3300円（本体3000円）	第1部は毎日使う定型表現. 第2部はドイツ語会話パターンを実例と合わせて解説. 第3部は日本紹介の200以上の表現集.
対訳	**聞いて読む初版グリム童話** 吉原素子／吉原高志 編著　　【CD付】 四六判 152頁 定価2640円（本体2400円）	目と耳から初版グリムを楽しもう！「ヘンゼルとグレーテル」「いばら姫」「白雪姫」など7編を収録. 各話にはドイツ語対訳と解説付.
音読	**表現力を鍛える 中級ドイツ語 音読トレーニング**　鷲巣由美子 著 A5判 161頁 定価2970円（本体2700円）	文を意味のまとまりで分けて音読することで, 表現のストックが記憶に定着. 日常的な場面をもとにドイツ語の表現力を磨く. 全25課.

重版にあたり, 価格が変更になることがありますので, ご了承ください.